L'AVARE
ET SON AMI,
COMÉDIE
EN UN ACTE ET EN PROSE,
MÊLÉE DE VAUDEVILLES.

Par les Citoyens RADET et RABOTEAU.

Représentée pour la première fois sur le Théâtre du Vaudeville, le 19 Germinal, an 9.

A PARIS,

Se vend au Théâtre du Vaudeville, chez BRUNET.
Et chez BARBA, Palais-Égalité, gallerie derrière le théâtre Français de la République, n°. 51.

AN IX.

PERSONNAGES.	ACTEURS.
	Citoyens.
SAINVILLE, riche manufacturier.	Vertpré.
SAINVILLE fils.	Armand.
DORMEL, ami de Sainville.	Chapelle.
AGATHINE, fille de Dormel.	Mlle Arsène.
FINETTE, femme-de-chambre d'Agathine.	Mlle Blosseville
ROBERT, homme d'affaires de Sainville.	Lenoble.
JACQUES, jardinier.	Hypolite.
Villageois et Villageoises.	

La scène est à la campagne, à quelques lieues de Sedan.

S'adresser au citoyen Wicht, chef de l'orchestre du théâtre du Vaudeville, pour les accompagnemens de toutes les pièces joués sur ce théâtre depuis sa création.

L'AVARE
ET SON AMI.

Le théâtre représente un sallon.

SCENE PREMIERE.
ROBERT, FINETTE.

ROBERT.

Eh bien, Mademoiselle Finette, comment trouvez-vous cette maison de campagne ?

FINETTE.

Très-jolie, en vérité. Depuis hier que nous sommes arrivés de Sedan, je ne me lasse point d'en parcourir le jardin. Des bosquets charmans, des allées délicieuses, des fleurs de toute espèce.....

ROBERT.

Des arbres chargés de fruits ; une rivière qui ne tarit jamais..... Et tout cela dans une étendue de six arpens.... C'est moi qui ai fait faire cette acquisition à M. Sainville.

FINETTE.

Ma foi, je vous en félicite ; il doit être satisfait.

ROBERT.

Aussi l'est-il, Mademoiselle, aussi l'est-il. Ses grandes occupations ne l'empêchent pas de songer à ses petits plaisirs.

FINETTE.

Il est certain qu'il travaille beaucoup.

ROBERT.

Et qu'il fait beaucoup travailler. — Savez-vous que nous faisons par an pour plus d'un million d'affaires ? — Il faut voir notre manufacture.

FINETTE.

C'est un monde.

ROBERT.

Oh ! M. Sainville voit les choses en grand.

Air : *Vaudeville des Visitandines.*

Dans une entreprise hardie
Tous les jours ses travaux nombreux,
Son activité, son génie,
Obtiennent des succès heureux : (*bis.*)
Il encourage, il récompense,
Il fait éclore le talent ;
Et c'est un ruisseau bienfaisant
Qui féconde une plaine immense. (*bis.*)

FINETTE.

Que d'ouvriers il fait vivre !

ROBERT.

Et comme il excite leur émulation !

Même air.

Ceux qui se montrent davantage
Zélés, actifs, intelligens,
Il préside à leur mariage,
Il fait élever leurs enfans. (*bis.*)
Hommes, femmes, garçons et filles
Chez lui trouvent un sort aisé ;
Et son bonheur est composé
Du bonheur de trente familles. (*bis.*)

FINETTE.

Il faut qu'il ait une bonne tête.

ROBERT, *se touchant le front.*

Ah ! celle-ci n'est pas mauvaise.

FINETTE.

Faire vivre les autres et bien vivre soi-même, voilà ce qui s'appelle savoir employer sa fortune. Ah ! si M. Dormel eût suivi cet exemple, son sort, celui de sa fille, le mien, aurait été un peu différent.

ROBERT.

Et on ne lui aurait pas enlevé son trésor.

FINETTE.

Quarante mille écus disparus dans une nuit....... avec le coffre !

ROBERT.

Avec le coffre ?

FINETTE.

Oh! le voleur n'a rien oublié.

ROBERT.

Et c'était là toute la fortune de M. Dormel?

FINETTE.

Absolument tout ; le patrimoine et les économies.

ROBERT.

Je crois que ce dernier article n'était pas le moindre ; car le cher homme était d'une avarice !....

FINETTE.

Ah! ne m'en parlez pas. Il fallait voir comme nous étions logés, nourris, vêtus...... Son aimable fille, cette chère Agathine...... Privée de tous les plaisirs de son âge...... Point de sociétés, point de bals, jamais de spectacles !... et comme elle était mise! elle osait à peine sortir.

ROBERT.

La pauvre petite !

FINETTE.

Air : *Vaudeville du Sauvage.*

Quelquefois par aventure,
On allait se promener :
Mais quelle était sa parure ?
Tâchez de l'imaginer.
Une robe héréditaire,
Dont le nouvel harpagon,
Avait payé, pour lui plaire,
La quatrième façon.

ROBERT, *en riant*.

Eh! mais, écoutez donc..... J'ai connu à ma grand'mère une robe à grands carreaux qui serait assez à la mode aujourd'hui.

FINETTE.

Air : *J'arrive à pied de province.*

Enfin de tous les avares
Anciens et nouveaux,
Recherchez les traits bisarres,
Les vilains défauts :
Réunissez-les, en somme,
Du plus laid côté ;
Et vous aurez de notre homme
Un portrait .... flatté.

ROBERT.

Ce qui m'a toujours étonné, c'est qu'avec un caractère aussi différent, M. Sainville n'ait pas cessé d'être l'ami de M. Dormel...... Il l'aime de tout son cœur.

FINETTE.

Il le prouve assez tous les jours ; car enfin, depuis un an qu'on nous a volés,

Air : *De l'Opéra-comique.*

A tous nos besoins ses bienfaits
Fournissent avec abondance ;
Et sans lui nous n'aurions jamais
Connu les douceurs de l'aisance.
Le drôle qui prit notre bien
A fait cette métamorphose :
Il nous fallait n'avoir plus rien
Pour avoir quelque chose.

ROBERT.

Et sans doute, M. Dormel s'accoutume à bien vivre.... gratis ?

FINETTE.

Oui, mais il aimerait encore mieux, et pour cause, que M. Sainville lui donnât son argent à dépenser.

ROBERT.

Quel ami que M. Sainville !

FINETTE.

Ce n'est rien encore que cela. Ce qui m'étonne davantage, c'est que, malgré notre ruine complette, il n'ait rien changé à son projet de marier son fils à la fille de M. Dormel.

ROBERT.

Mais, comme M. Dormel ne devait point donner de dot à sa fille, rien n'a dû être changé au mariage. (*A part.*) Qui se fera beaucoup plutôt qu'on ne pense. (*haut.*) Et ces pauvres jeunes gens s'aiment de si bon cœur !

FINETTE.

Comme on s'aime à leur âge ; mais ma maîtresse peut avoir besoin de moi : je vous quitte.

ROBERT

Allez, Mademoiselle ; aussi bien, j'apperçois M. Sainville à qui j'ai beaucoup de choses à dire.

SCENE II.

ROBERT, SAINVILLE *père*.

SAINVILLE, entrant gaîment.

Ma foi, ce pays-ci est fort agréable; et les habitans me paraissent de bonnes gens.

ROBERT.

Ils se félicitent déjà de vous posséder; et cela ne pouvait manquer, puisque j'ai suivi les instructions que vous m'aviez données.

SAINVILLE.

Il en coûte donc bien peu pour se faire des amis.

ROBERT.

Air : *De Frosine.*

Par-tout la joie et les bienfaits
Accompagnent votre présence :
Le bonheur ne vous fuit jamais;
Dans ce séjour il vous devance.
Près d'un homme si généreux
Combien nos devoirs sont faciles!
Vous nous commandez d'être heureux,
 Et nous sommes dociles. (*bis.*)

SAINVILLE.

Vous faites bien; car je n'aime pas que l'on me contrarie..... Ah çà, parlons d'affaires. Où en sont nos mariages; d'abord, celui de la fille du jardinier?

ROBERT.

Monsieur, les fiançailles se feront aujourd'hui, et les jeunes gens viendront tantôt avec leurs parens et le notaire du lieu, vous prier de signer leur contrat, et recevoir la dot que vous avez la bonté de leur donner.

SAINVILLE.

Fort bien.

ROBERT.

De plus, j'ai porté chez ledit notaire le projet du contrat de mariage de votre fils avec Mademoiselle Agathine.

SAINVILLE.

Tu n'as parlé à personne.....

ROBERT.

Monsieur, je sais garder un secret. C'est une surprise que vous ménagez à ces aimables jeunes gens et à M. Dormel ?

SAINVILLE.

Je lui en ménage plus d'une.

ROBERT.

Comment cela ?

SAINVILLE.

Il y a précisément aujourd'hui un an qu'on lui enleva son cher trésor.

ROBERT.

Oui !.... effectivement, c'était à pareil jour ; je me le rappelle. Sans doute, M. Dormel ne l'a pas oublié ; et ce triste souvenir lui fera passer une mauvaise journée.

SAINVILLE.

Peut-être. Mais quand il apprendra que cette maison est à lui.....

ROBERT.

A M. Dormel !.... Ah ! je vous devine.

SAINVILLE.

Je ne le crois pas.

ROBERT.

C'est un fort joli cadeau.

SAINVILLE.

Eh ! non.

ROBERT, *continuant*.

Quelle délicatesse ! le jour même........

SAINVILLE.

La maison est à lui, acquise de son argent.

ROBERT, *reculant d'étonnement*.

De son argent ! aurait-il retrouvé.....

SAINVILLE.

Rien, mais.....

ROBERT.

Le vol n'avait donc pas été commis ?

SAINVILLE.

Il avait été commis : cela confond ta sagacité.

ROBERT.

J'en conviens.

COMEDIE.

SAINVILLE.

Tu sais que, lors de l'évènement, les soupçons se réunirent sur ce jeune étranger, d'une figure si douce, qui porteur des meilleures recommandations, s'était introduit chez Dormel et chez moi.

ROBERT.

Oui, tout le monde soupçonna l'étranger; mais moi qui me connais en hommes, je ne partageai point l'opinion publique.

SAINVILLE.

Et tu te trompas. — L'étranger était le coupable.

ROBERT.

Est-il possible?.... Effectivement, quand je me rapelle sa figure, il me semble qu'il avait dans les yeux.... dans le regard..... quelque chose de..... Oh! oui, cela ne m'étonne pas.

SAINVILLE.

Eh bien! ce jeune homme.....

ROBERT, *vivement*.

Vient d'être arrêté?

SAINVILLE.

Pas du tout.

Air :

> Le voleur, prompt à s'effrayer,
> Faute, je crois, d'expérience,
> Sentit, peu fait pour le métier,
> Le réveil de sa conscience;
> Différent de ces gens adroits
> Qui sans effort et sans étude,
> Semblent, dès la première fois,
> En avoir l'habitude.

ROBERT.

Et ces gens-là ne sont pas les plus rares.

SAINVILLE.

Huit jours s'étaient à peine écoulés, lorsqu'un soir je vois tout-à-coup entrer dans mon cabinet, ce malheureux jeune homme, l'air égaré, les yeux en larmes, respirant à peine... Il se précipite à mes pieds, y dépose une lourde cassette, me remet ce billet, et disparaît sans prononcer une seule parole.

ROBERT.

Ah! mon dieu!

SAINVILLE.

Lis.

ROBERT, *lisant.*

« Vous êtes, Monsieur, le plus intime ami de M. Dor-
» mel; et j'ai craint de m'exposer à sa colère. Puisse le
» remord qui m'accable, expier le crime qu'un instant
» d'égarement m'a fait commettre! C'est vous que je charge
» de sa réparation. Adieu! je fuis pour jamais. »

ÉDOUARD WILTON.

(*Stupéfait.*)

Je n'en reviens pas.

SAINVILLE.

Juge de ma surprise et de ma joie.... J'allais à l'instant
même faire ma commission........ lorsqu'une réflexion
m'arrêta.

ROBERT, *très attentif.*

Voyons, Monsieur, votre réflexion.

SAINVILLE.

Voici le raisonnement que je fis. Dormel possédait un
trésor auquel il touchait à peine, et toujours malgré lui.
Se refusant tout... ne vivant que de privations.... Aujour-
d'hui que ce trésor est retrouvé, il va l'enfouir de nouveau.
Ne serait-ce pas un service à lui rendre que de le forcer
d'en jouir avec agrément et utilité, en faisant valoir à
son profit ses fonds dans mon commerce?

ROBERT.

Voilà précisément ce que j'aurais dit à votre place.

SAINVILLE.

L'affaire était délicate.

ROBERT.

Très-délicate.... Mais votre réputation.... votre fortune....
Vous qui refusez tous les jours les fonds qu'on vous offre
de tous les côtés....

SAINVILLE.

Il s'agissait de corriger mon ami : je ne balançai pas.
Je pris d'abord les précautions nécessaires; et un acte en
bonne forme, déposé chez un notaire, pourvut à tout.

ROBERT.

Fort bien...... C'est à quoi je n'aurais pas manqué.

SAINVILLE.

J'ai voulu qu'à tout évènement, Dormel ne pût rien perdre.

Air : *Du vaudeville de Tom Jones.*

Pour le guérir de sa triste démence,
Je l'ai laissé dans ses regrets;
Mais son argent lui procure une aisance
Qu'il croit devoir à mes bienfaits.
De maints plaisirs que l'avarice ignore,
Il goûte le prix aujourd'hui;
Et de son bien qu'il pleure encore,
Il jouit en dépit de lui... *(bis.)*

ROBERT.

Oui, mais il n'entasse plus.

SAINVILLE.

Quoique le goût des économies ne l'ait pas encore quitté, je me suis apperçu plusieurs fois qu'il n'était pas insensible aux douceurs de l'aisance.

ROBERT.

Allons, Monsieur.

Air : *D'Arlequin journaliste.*

Je vois qu'il se trouvera bien
De sa ruine passagère :
Prendre et restituer le bien,
Le voleur ne pouvait mieux faire. *(bis.)*
Quand un plan est ainsi conçu, *(bis.)*
S'en plaindre serait injustice;
Mais bien des gens n'auraient rendu
Que la moitié de ce service.

SAINVILLE.

Ah ça, mon cher, je compte sur ta discrétion. Silence jusqu'au dernier moment! J'ai tout caché, même à mon fils : c'eût été le dire à Agathine.... Pour toi, qui n'es pas amoureux, à ce que je crois..... tu n'abuseras pas de ma confiance.

ROBERT.

Monsieur, je n'ai jamais abusé de rien.... Voici vos jeunes gens : je vous laisse avec eux.

SCÈNE III.

LES DEUX SAINVILLE, AGATHINE, FINETTE.

FINETTE.

Ah! Monsieur, voici bien du nouveau.

SAINVILLE, *fils.*

Je suis au désespoir. M. Dormel vient de m'annoncer que je ne dois plus songer à épouser sa fille.

SAINVILLE, *père.*

Bah!

AGATHINE.

Il m'ordonne d'oublier celui qu'il m'avait destiné pour époux.

FINETTE.

Et cela, sans vouloir nous en dire le pourquoi.

SAINVILLE, *père.*

Je le sais, le pourquoi; c'est qu'il est fou.... Mais moi, qui ne le suis pas, je vais lui parler.

SAINVILLE, *fils.*

Mais vous, ma chère Agathine, vous auriez dû....

AGATHINE.

J'ai vainement tenté de le fléchir.

FINETTE.

Eh bien, puisqu'il refuse de s'expliquer, je dis que vous devez....

AGATHINE.

Je dois obéir et me taire.

FINETTE.

Obéir!.... c'est difficile. Se taire, c'est impossible.

SAINVILLE, *père.*

Refuser pour sa fille un mari jeune, honnête, aimable...

FINETTE.

Et qui ne lui coûte rien.

AGATHINE.

Finette!

FINETTE.

Sans dot!

AGATHINE.

Finette!

FINETTE.

Qu'il soit avare tant qu'il voudra; mais....

AGATHINE.

Songez que vous parlez de mon père.

FINETTE.

Voulez-vous que je dise qu'il est généreux?

AGATHINE.

Air : *De la piété filiale.*

Cessez, cessez un semblable discours,
Il blesse mon cœur; il m'offense.
Ce cœur me dit que rien ne nous dispense
De respecter les auteurs de nos jours.
Les défauts que, par intervalle,
On voit obscurcir leurs vertus,
Semblent prescrire un sentiment de plus
A la piété filiale.   (*bis.*)

SAINVILLE, *fils.*

Je ne puis qu'applaudir à des sentimens que je partage; mais, ma chère Agathine, après un refus aussi étrange....

AGATHINE.

Croyez-vous que j'y sois insensible?

SAINVILLE, *père.*

Fort bien; désespérez-vous, mes enfans. C'est votre rôle : c'est celui de tous les amans contrariés dans leur flamme. Quant à moi, je ne me désespérerai pas, mais j'agirai.... J'entends notre homme. Laissez-moi avec lui.

AGATHINE.

Ah! monsieur!

SAINVILLE, *fils.*

Ah! mon père, songez....

SAINVILLE, *père, gaiement.*

Oui, mes enfans, je connais votre position. Tu en mourrais de douleur; Agathine n'y survivrait pas; Finette en perdrait la tête; je ne sais pas moi-même ce que je deviendrais...Mais pendant que nous nous portons bien tous, laissez-moi prévenir d'aussi grands malheurs.

(*Ils sortent par le côté opposé à l'entrée de Dormel.*)

SCENE IV.
SAINVILLE, père, DORMEL.

SAINVILLE, *à part.*

Ah dieu! quelle figure renfrognée!... C'est l'anniversaire.

DORMEL, *d'un air sombre.*

Bonjour, Sainville.

SAINVILLE, *du même ton.*

Bonjour Dormel.... (*gaiement.*) Est-ce que tu n'as pas bien dormi?

DORMEL.

Si fait.

SAINVILLE.

Comme te voilà triste!

DORMEL.

Je n'ai pas coutume d'être gai.

SAINVILLE.

C'est vrai.

DORMEL.

Je ne te ressemble pas.

SAINVILLE.

Tant pis.

Air : *Quand la mer rouge.*

Chez moi, dans mes ateliers,
La gaîté préside ;
Elle est de mes ouvriers
Et l'ame et le guide :
Tout va bien quand chacun rit,
Et j'y trouve mon profit ;
Car l'homme joyeux
En travaille mieux.
Oui, celui dont la main est plus diligente,
C'est celui qui chante.

DORMEL.

Je n'ai pas envie de chanter.... Savez-vous, Monsieur, qu'il y a aujourd'hui un an....

SAINVILLE.

Ah! ça, mais, mon cher.... nous étions convenus que tu ne mettrais plus cet habit-là.

DORMEL.

Oh! il est encore bien bon pour le matin.

SAINVILLE.

Mais tu en as d'autres.

DORMEL.

Est-ce une raison pour les user?

SAINVILLE.

Apparemment.

DORMEL.

Non, Monsieur, il faut les ménager.

SAINVILLE.

Oh! sans doute les ménager!...

Air :

>Tant de respect pour tes habits
>Excite mon juste murmure :
>Si ce goût gagnait dans Paris,
>Que serait ma manufacture!
>Quand le tailleur fait maint habit nouveau,
>Du marchand j'emplis la boutique ;
>Mais si l'habit reste au porte-manteau,
>Le drap reste dans ma fabrique.

DORMEL.

Oh! bah! tous ces beaux raisonnemens....

SAINVILLE.

Te déplaisent.... Eh bien, parlons d'autre chose. Est-il vrai que tu ne veux plus que mon fils épouse ta fille?

DORMEL.

Rien n'est plus vrai.

SAINVILLE.

Et la raison?

DORMEL.

Dispense-moi de la dire.

SAINVILLE.

Non, parbleu, il faut que tu t'expliques.

DORMEL.

Tu le veux absolument?

SAINVILLE.

Très-absolument.

DORMEL.

Il m'en coûte.

SAINVILLE.

Tâche qu'il ne t'en coûte pas trop.

DORMEL.

Eh bien, mon cher, ta conduite....

SAINVILLE.

Achève.

DORMEL.

Ta conduite... me déplait.

SAINVILLE.

En quoi ?

DORMEL.

En tout. D'abord, ta table....

SAINVILLE.

Ma table est bonne.

DORMEL.

Très-bonne; mais....

SAINVILLE.

Et mon vin ?

DORMEL.

Excellent, mais....

SAINVILLE.

N'es tu pas logé commodément ?

DORMEL.

Très-commodément ; mais, mon cher....

SAINVILLE.

Cette maison n'est-elle pas agréable ?

DORMEL.

Que trop agréable ; et puisqu'il faut le dire, tu te ruines.

SAINVILLE.

Je me ruine !

DORMEL.

Oui, tu te ruines..... Une table somptueuse, des meubles recherchés, des prodigalités sans nombre.....

SAINVILLE.

Tu n'as jamais rien prodigué, toi ; et cela t'a joliment réussi !

DORMEL.

Est-ce ma faute ? —Ah Dieu !

COMÉDIE.

Air : *Du petit Matelot.*

Le fruit de tant d'économie,
Avec tant de soin conservé,
Par la plus horrible infamie,
Dans un instant m'est enlevé. *(bis.)*

SAINVILLE.

Je conviens qu'un peu de dépense
N'eût pas empêché ce malheur ;
Mais au moins, c'eût été d'avance,
Autant de pris sur le voleur. *(bis.)*

DORMEL.

Le scélérat !

SAINVILLE.

Il ne prendra pas cette maison, j'espère..... C'est de l'argent bien placé.

DORMEL.

Oui, bien placé !..... Une maison qui ne rapporte rien !

SAINVILLE

Elle rapporte. Elle m'a déja beaucoup rapporté.

Air :

Des voisins qui manquaient d'ouvrage
En ont d'abord trouvé céans :
De plus, j'occupe au jardinage
Jacques, sa femme et ses enfans. *(bis.)*
Toute la petite famille
M'appelle ici le bien venu :
Autour de moi la gaîté brille ;
Est-il un meilleur revenu ? *(bis.)*

DORMEL.

Oui, voilà de bonnes rentes !

SAINVILLE.

Ce ne sont pas les moins sûres.

DORMEL, *avec chaleur.*

Monsieur, un négociant ne peut trop borner ses dépenses. Il a déja bien assez des hasards de son commerce : car enfin, les faux calculs, les mauvaises spéculations..... les banqueroutes.... Le commerce n'a rien de sûr ; et si l'on considérait bien ce qu'on y risque....

SAINVILLE, *malignement.*

On enfermerait son argent, n'est-ce pas ? Moyen d'en jouir, très-agréable..... et sur-tout très-utile à l'État.

DORMEL.

Bon! l'État! l'État!......

SAINVILLE.

Air : *De Molière à Lyon.*

Au guerrier qui défend nos droits,
L'Etat vengé doit la victoire ;
Au sage qui fonde nos loix
Il doit une plus belle gloire :
Pour le nourrir, de toutes parts
Du laboureur le bras s'exerce ;
Sa parure est dans les beaux arts,
Mais son ame est dans le commerce. } *bis.*

DORMEL.

Celui qui veut ne pas perdre son bien.... le garde.

SAINVILLE.

Celui qui veut jouir de ce qu'il a, le change contre ce qu'il n'a pas.... Tout est échange dans ce monde.

DORMEL.

Air : *Ah! rendez grace à la nature.*

Le soleil pompe les vapeurs
Qu'exhale la terre embrasée :
La tendre aurore sur nos fleurs
Les distille en douce rosée.
Du ciel l'éternelle bonté,
Réglant ses dons avec mesure,
Impose à la société
Les mêmes loix qu'à la nature. *(bis)*

DORMEL.

Oh ! voilà de mes philosophes..... Mais tu philosopheras tant que tu voudras. Après avoir, par un malheur inouï, perdu tout ce que j'avais, je ne veux plus que ma fille épouse le fils d'un homme qui n'aura bientôt plus rien par sa faute.

SAINVILLE.

Et tu n'as pas d'autre motif de rupture?

DORMEL.

Non.

SAINVILLE.

Allons, puisqu'il est nécessaire que je te donne l'état de ma fortune, que nous comptions ensemble...... Nous compterons. (*A part.*) Il est ma foi tems de le mettre dans le secret. (*Haut..*) Mon ami, je te laisse, pour m'occuper de mon bilan.

DORMEL.

Tu plaisantes ; mais.....

SAINVILLE.

Non parbleu, je ne plaisante pas ; et dès aujourd'hui je veux te prouver que je sais bien employer l'argent.

SCENE V.

DORMEL, *seul.*

Quelle tête que ce Sainville ! C'est dommage........ On est fort bien dans cette diable de maison de campagne. Je ne sais comment cela s'est fait, mais j'ai parfaitement dormi. — Il est vrai que j'avais pris hier de l'exercice dans ce maudit jardin...... qui est parbleu charmant.... Et ce chien de souper...... qui était délicieux !..... Ce vin de Baune.... oh ! quel vin !.... Je ne sais pas ce qu'il coûte : je n'en ai jamais acheté de pareil.

Air : *Du vaudeville de Cruello.*

Le vin de Surène jadis
    Suffisait à ma table :
J'en trouvai toujours, vû le prix,
    L'usage délectable.
Ce vin, quand il faut l'acheter,
Sur le *Baune* doit l'emporter,
    Et c'est chose certaine.
    (*Après une réflexion.*)
Quand on le boit, c'est différent ;
Le vin de Baune assurément
Vaut mieux (*bis.*)
    Que le vin de Surène. (*bis.*)

Mais on a sitôt bu........ Au reste, j'ai averti Sainville. S'il se ruine maintenant, c'est son affaire..... Songeons à la nôtre...... Il me force d'accepter de tems en tems de petites sommes pour mes menus plaisirs. (*tirant de son sein un petit sac.*) Mes menus plaisirs ! les voilà !... les voilà, mes menus plaisirs... (*Se retournant avec précipitation.*) Hein !... Que ces petites poches sont bien inventées !

Air : *Mes bons amis*.

Quoique Français
On ne me vit jamais
Très-grand partisan de la mode :
Mais dieu merci,
Je trouve celle-ci
Agréable, utile et commode.
On a, faisant chemin,
Son argent sous sa main,
Et rien n'est mieux inventé, ce me semble :
L'argent, source du vrai bonheur,
Est le fidèle ami du cœur ;
On fait bien de les loger ensemble.

(*Considérant l'argent de son sac.*) Les belles espèces !.... Trente-deux louis, de poids... deux écus de six livres, point rognés.... Une pièce de cinq francs.... Un petit écu... Une pièce de quinze sols.... Une de six.... Une de deux..... et quatre centimes. Cela fait bien, d'après mon calcul de ce matin.... sept cents quatre-vingt-neuf livres trois sols et quatre centimes..... Et si je puis ajouter à cela.......

SCENE VI.
DORMEL, SAINVILLE, *fils*, AGATHINE, FINETTE.

Ensemble.
AGATHINE.
Mon père !
SAINVILLE, *fils*.
Ah ! Monsieur !

DORMEL, *serrant brusquement son argent.*

Hein !.... Qu'est-ce ?

SAINVILLE, *fils*.

Ne me cachez rien.

DORMEL.

Cacher ! quoi ?

AGATHINE.

C'est votre cœur que nous venons attaquer.

DORMEL.

Mon cœur !

SAINVILLE, *fils*.

Vous y renfermez.....

DORMEL.

Je ne renferme rien, Monsieur.

COMÉDIE.

SAINVILLE, *fils.*

Un secret qui fait le malheur de ma vie.

DORMEL.

Ah! je respire.

AGATHINE.

Air : *Je suis heureux.*

Cent et cent fois vous m'avez dit, mon père :
Constant et sincère,
Sainville a tout pour plaire.

DORMEL.

Discours superflus !

SAINVILLE, fils.

Rompriez-vous quand l'hymen nous appelle,
D'une main cruelle,
Une chaîne si belle ?

DORMEL.

Ne m'en parlez plus.

SAINVILLE, fils.

Quoi ! sans retour aujourd'hui....

DORMEL.

Oui.

FINETTE.

Personne ne vous conçoit.

DORMEL.

Soit.

AGATHINE.

Devions-nous craindre jamais...

DORMEL.

Paix !

SAINVILLE.

Mais au moins une raison ?

DORMEL.

Non.

LES TROIS AUTRES.

Dites-nous une raison.

DORMEL.

Non.

LES TROIS AUTRES.

Dites-nous une raison.

DORMEL, *sortant.*

Non.

SCENE VII.

SAINVILLE, *fils*, AGATHINE, FINETTE,

SAINVILLE.

Eh! quoi, toujours à se taire il s'obstine!

AGATHINE.

Plaignez Agathine.

FINETTE.

Quelle humeur le domine!

SAINVILLE, fils.

Refus outrageant!

FINETTE

Auprès de lui vos plaintes sont frivoles,
Vos demandes folles;
Il est chiche en paroles
Autant qu'en argent.

SAINVILLE, *fils*.

Je n'ai pu voir encore mon père; mais sans doute il n'aura pas mieux réussi que nous.

FINETTE.

Refuser de donner une raison! Il est écrit que cet homme ne donnera jamais rien.

SAINVILLE, *fils*.

Quel parti prendre?

AGATHINE.

Céder à notre destinée.

FINETTE.

Voilà ce qui s'appelle montrer du caractère.

SAINVILLE.

Vous ne concevez pas l'excès de mon malheur.

AGATHINE.

Ah! Sainville, il m'est affreux de renoncer à l'espoir de vous être unie: mais une chose au moins adoucit ma peine; c'est qu'un mariage plus avantageux pour vous peut un jour....

SAINVILLE.

Pouvez-vous le penser?

AGATHINE.

Air : *Fuyant et la ville et la cour.*

Sans doute vous saurez charmer
Celle que le ciel vous destine.
Ah! puisse-t elle vous aimer
Autant que vous aime Agathine!
Par un père, dans sa rigueur,
Ma main peut vous être ravie;
Mais je dispose de mon cœur :
Ce cœur est à vous pour la vie. } *bis.*

SAINVILLE.

Et le mien peut-il cesser d'être à ma chère Agathine?

AGATHINE.

Votre fortune vous permet les plus brillantes espérances.

SAINVILLE.

Même air.

Ma fortune !..... pour vous l'offrir,
Jusqu'à présent je l'ai chérie :
Ah ! sans pouvoir vous embellir,
Par vous elle était embellie.
Pour mes regrets, pour ma douleur,
Désormais elle est importune :
Peut-on, en perdant le bonheur
Songer encore à la fortune? } *bis.*

FINETTE.

Voici M. Sainville.

SCENE VIII.

LES PRÉCÉDENS, SAINVILLE, *père.*

SAINVILLE, *fils.*

Eh bien! mon père, avez-vous pu pénétrer enfin......

SAINVILLE, *père.*

Oui, Dormel, m'a tout dit... Une maison de campagne... Une table somptueuse..... Des prodigalités sans nombre.... Enfin, il dit qu'après avoir perdu tout ce qu'il avait, il ne veut pas que sa fille épouse le fils d'un homme qui, bientôt, n'aura plus rien par sa faute. Ce sont ses propres mots.

SAINVILLE, *fils.*

Vous plaisantez, sans doute.

SAINVILLE, *père*.

Non, ma foi.

Air : *Qu'on soit jaloux, etc.*

Ce que de lui je viens d'apprendre,
Je vous le dis sans nuls détours.

FINETTE.

On a beau le voir et l'entendre ;
Monsieur Dormel surprend toujours. *(bis.)*
Que de son bien on soit avare,
Rien n'est plus commun aujourd'hui;
Mais sur ma foi, c'est chose rare
Que de l'être du bien d'autrui. *(bis.)*

SAINVILLE, *fils*.

Voilà bien l'idée la plus extraordinaire.

SAINVILLE, *père*.

Tu ne savais pas que j'étais un dissipateur..... Eh bien ! ni moi non plus.

SCENE IX.
LES PRÉCÉDENS, ROBERT.

ROBERT.

Monsieur, voici vos lettres.

SAINVILLE, *père*.

Voyons si j'y trouverai ce que j'attends...... Celle-ci concerne ma manufacture.... (*Il la parcourt.*) Ah ! ah ! je ne me ruine pas encore tout-à-fait.... (*Il continue d'ouvrir ses lettres et lit.*)

FINETTE

N'est-il pas vrai, Mademoiselle, que votre père est un homme d'une grande prévoyance ?

SAINVILLE, *fils*.

Qu'a-t-il voulu dire ?

AGATHINE.

Je n'y comprends rien.

SAINVILLE, *père*.

Ah ! ce pauvre l'Angevin est rétabli ; j'en suis bien aise. C'est un excellent ouvrier et un brave homme. J'avais recommandé qu'on en eût grand soin.

COMÉDIE.

ROBERT.

Oui, recommandé !.... Il n'a jamais voulu voir le médecin.

SAINVILLE, *père.*

Guérir sans le médecin !

FINETTE.

Il est bien hardi !

SAINVILLE, *père.*

Voici mon affaire...... C'est le contrat d'acquisition de cette maison ; et j'en avais besoin aujourd'hui même.

ROBERT, *le tirant par l'habit.*

Monsieur, je voudrais vous parler.

SAINVILLE, *père.*

Mes enfans, laissez-nous. J'ai à causer avec Robert.... Ne vous désolez pas tout-à-fait : ma ruine n'est pas encore complette ; et votre mariage n'est pas entièrement désespéré.

SAINVILLE, *fils.*

Ah ! mon père, vous me rendez la vie.

FINETTE.

Nous en avions grand besoin.

SCENE X.

SAINVILLE, *père*, ROBERT.

ROBERT, *en riant.*

Comment donc, Monsieur, votre ruine...... Le mariage désespéré !......

SAINVILLE.

C'est une petite gaîté de Dormel...... Mais voyons : qu'as-tu à me dire ?

ROBERT.

Monsieur, j'ai remis chez Mademoiselle Agathine les étoffes et les dentelles que vous lui destinez.

SAINVILLE.

Bon ! quoique le mariage soit désespéré, il faut bien songer aux habits de noce.

ROBERT.

Ensuite, Monsieur, nos fiancés demandent à quelle heure ils pourront se présenter.

D

SAINVILLE.

A quelle heure ?..... Ma foi, c'est que..... je voudrais voir Dormel auparavant.

ROBERT.

Eh bien ! Monsieur, le voici lui-même, et dans toute sa parure.

SAINVILLE.

En ce cas, amène les jeunes gens le plutôt possible.

ROBERT.

Avertirai-je aussi Monsieur votre fils ?

SAINVILLE.

Tout le monde.   (*Robert sort.*)

SCENE XI.

DORMEL, SAINVILLE, *père*.

SAINVILLE.

Ah ! tu as mis ton habit neuf : j'en suis bien aise. J'ai aujourd'hui grande compagnie.

DORMEL.

Grande compagnie !.... Te voilà bien !.... Toujours de la dépense !

SAINVILLE.

Quoi ! tu me parleras toujours de dépense !

DORMEL.

Tant que tu ne te lasseras pas d'en faire, morbleu !.... Je sors de la chambre d'Agathine.

Air : *Vaudeville des deux Veuves.*

Encore des présens nouveaux ;
Et cela me met en colère.

SAINVILLE.

C'est toi qui lui fais ces cadeaux ;
Je les offre au nom de son père.

DORMEL.

Un père qui sait réfléchir
Craint le luxe dans sa famille.

SAINVILLE.

Un bon père croit s'embellir
De la parure de sa fille.

COMÉDIE.

DORMEL.

Oh! oui, s'embellir!

SAINVILLE.

Conviens qu'Agathine sera charmante.

DORMEL.

Il est bien question de cela!

SAINVILLE.

Oui.... et moi qui ne suis que le beau-père.....

DORMEL.

Le beau-père!

SAINVILLE.

Assurément..... Il est un peu étrange que tu me fasses un crime de te procurer plus d'aisance que tu n'en a jamais eu.

DORMEL.

Air : *Oui noir, etc.*

A vivre dans l'aisance
Je prendrais du plaisir;
Mais, monsieur, par prudence,
Il faut voir l'avenir :
Il faut, il faut voir l'avenir.

SAINVILLE, *père.*

Je dois en convenir.

DORMEL.

Je n'y puis plus tenir.
Ecoute-moi.

SAINVILLE.

J'écoute.

DORMEL.

Tu m'obliges sans doute :
Mais tout ce qu'il t'en coûte.....

SAINVILLE.

Il ne m'en coûte rien.

DORMEL, *se récriant.*

Ton bien!

SAINVILLE.

Mon bien!
Mon ami, (*bis.*) c'est le tien.

DORMEL.

Oh! c'est fort obligeant.

SAINVILLE.

C'est naturel..... Je t'ai promis ce matin de te rendre un compte.

DORMEL.

Quittons la plaisanterie.

SAINVILLE.

Je ne plaisante point. D'abord, tu es ici chez toi.

DORMEL.

Je sais bien que ton amitié....

SAINVILLE.

Ce n'est pas cela. (*En appuyant.*) Tu es ici le propriétaire.

DORMEL.

Le propriétaire !

SAINVILLE.

Vois ce contrat.

DORMEL, *lisant.*

Cette maison.... acquise en mon nom.... pour vingt mille francs !..... Qu'est-ce que cela signifie ?

SAINVILLE.

Cela signifie que tu l'as achetée.... et payée.

DORMEL.

Ruiné comme je le suis.....

SAINVILLE.

Ruiné comme tu l'es, tu as fait cette acquisition.

DORMEL.

Mais enfin....

SAINVILLE, *lui donnant le billet de la deuxième scène.*

Jette les yeux sur ce papier.

DORMEL, *voyant la signature.*

Edouard Wilton !

SAINVILLE.

Lis.

DORMEL, *lit.*

Que vois je !.... (*Se jetant dans les bras de Sainville.*) Ah ! mon cher Sainville ! mon ami ! mon bon ami ! mon sauveur !

SAINVILLE.

Eh doucement ! tu m'étouffes.

COMÉDIE.

Air : *Des femmes et le secret.*

Quoi, tout mon or !
SAINVILLE.
Oui, tout ton or.
DORMEL.
Je pourrais le voir reparaître !
Mon cher trésor !
SAINVILLE.
Ton cher trésor
A son maître
Revient encor.
DORMEL.
Eh ! quoi, tout mon or !
SAINVILLE.
Eh ! oui, tout ton or.

DORMEL, *hors de lui.*

Ah ! grand Dieu ! quelle joie ! quelle satisfaction ! quel bonheur !..... (*S'arrêtant tout-à-coup.*) Eh mais...... c'est donc sur mes propres fonds.... que j'ai si bien vécu pendant toute une année ?

SAINVILLE.

Rassure-toi, mon ami, rassure-toi, tu n'as mangé qu'une partie de ton revenu.

DORMEL.

Comment ?..... Mais cette maison.....

SAINVILLE.

Elle est, ainsi que tout ce que j'ai dépensé pour toi, le produit net de ton capital, heureusement employé dans mon commerce.

DORMEL.

Et mes quarante mille écus ?

SAINVILLE.

Cette somme est toute entière dans mes mains. Elle te sera rendue quand tu voudras.... Aujourd'hui même, si tu l'exiges.... Et tu auras de plus un jardin pour l'enterrer.

DORMEL, *honteux.*

Ah ! Sainville !

SAINVILLE.

Est-ce que la maison ne serait pas de ton goût ;

DORMEL.

Je.... ne dis pas cela.

SAINVILLE.
Tu la trouves peut-être trop chère ?

DORMEL.
Non.... mais je dis.....

SAINVILLE.
Que dis-tu donc enfin ?

DORMEL.
Air : *De la boulangère.*
Ma foi, c'est que vingt mille francs,
Quand on est économe....

SAINVILLE.
Nous n'aurons point de différens ;
J'agis en galant homme.
Laisse la maison, je la prends.

DORMEL, *refléchissant.*
Vingt mille francs,
Bien nets et bien francs,
Vraiment, c'est une somme !

(*On entend une ritournelle.*)

DORMEL.
Qu'est-ce que j'entends là ?

SAINVILLE.
C'est une noce.

DORMEL.
Une noce, !

SAINVILLE.
Eh ! oui, tont au moins une, puisque tu n'en veux pas deux.

SCENE XII ET DERNIÈRE.

SAINVILLE, *père*, DORMEL, ROBERT, *et ensuite* SAINVILLE, *fils*, AGATHINE, FINETTE, LES FIANCÉS, LE NOTAIRE, JACQUES *et les gens de la noce.*

ROBERT.
Monsieur, c'est tout le village, et Jacques, votre jardinier, à la tête.

SAINVILLE, *père, bas à Dormel.*
C'est mon jardinier.... ou le tien, dont je marie la fille.

JACQUES.

Air : *De Piron.*

Vl'à tous nos habitans joyeux,
Qui venont fêter en ces lieux
Leux nouveau propriétaire.

SAINVILLE, *bas à Dormel.*

Cette fête est-elle pour toi?

CHOEUR.

Drès que j'l'avons vu { sur ma foi,
                       { jarnigoi !

Ce brave homme a su nous plaire.

ROBERT, *à Sainville père.*

Voici, Monsieur, nos époux,
Leurs parens et le notaire.
Dites, comment les trouvez-vous?

SAINVILLE.

Mais ils ont l'air honnête et doux.

LES FIANCÉS.

C'est grace à lui que dans c'biau jour
Le bonheur, l'hymen et l'amour
Vont habiter not' chaumière.

CHOEUR.

Puisse-t-il, c'voisin généreux,
Rester au milieu des heureux
Qu'i' s'entend si ben à faire !

JACQUES.

Et puisse-t-il, dans cinquante ans,
Etre fêté par les enfans,
De nos enfans
Et d'ses enfans !

CHOEUR.

Oui, puisse-t-il etc..

SAINVILLE, *père.*

Mes amis, le nouveau propriétaire ne peut que se féliciter d'avoir d'aussi bons voisins. N'est-il pas vrai, Dormel ?

DORMEL.

Oh ! oui.... c'est fort agréable..... (*A part, enchanté.*) Tout mon argent et une maison de campagne !

SAINVILLE, *père, bas.*

Tu gardes la maison ?

DORMEL, *de même.*

Un moment.

SAINVILLE, *père, se tournant vers les paysans.*

Mes amis, ce n'est point à moi que vous devez adresser vos complimens. C'est à mon ami Dormel.

DORMEL, *le tirant par son habit.*

Tu es bien pressé.

SAINVILLE, *père, sans l'écouter, et le faisant passer à sa place.*

C'est lui qui est le véritable propriétaire.

SAINVILLE, *fils, à Finette.*

Qu'entends-je !

AGATHINE, *à Dormel.*

Comment ! vous seriez....

DORMEL.

C'est bon, c'est bon.

JACQUES.

Dam! M. Dormel, excusez, je n'savions pas. Mais ça n'fait rien.... v'z'avais itou l'air d'un brave homme. Prenez que j'vous ayons dit tout ça.

DORMEL.

Oh ! je suis.....

SAINVILLEE, *père, vivement.*

Vous ne perdrez pas au change.

JACQUES.

Tant mieux, morgué !.... car stila qu'j'avons eu l'bonheur d'pardre.... J'étions son jardinier ; je n'voulons pas en dire de mal ; mais ça f'sait un rude chrétien....... Jarnigoi ! quel avare !

DORMEL.

Il était avare ?

SAINVILLE, *père, bas à Dormel.*

Paix donc !

JACQUES.

Ah ! j'vous en réponds. I'ne r'cevait parsonne ; on n'le voyait jamais.... Il vivait ni pus ni moins qu'un ours ; il entarrait son argent.

SAINVILLE, *père.*

Hé ! comment ?

DORMEL, *bas.*

Laisse-le dire.

COMÉDIE.

JACQUES.

Oui, morguenne! il l'entarrait.... j'en somm'sûr.... Mais vous n'savez pas l'pus meilleur?

Air : *Mon père était pot.*

I' trépassit sans dire mot
Un jour de Notre-Dame :
C'était un ben vilain magot ;
Dieu veuille avoir son ame !
Drès l'jour de sa mort,
Auprès d'son trésor
J'vis pus d'un bon apôtre,
Qui buvait déjà
Avec c'magot-là
A la santé de l'autre.

DORMEL, *à lui-même.*

Voilà bien les héritiers !

JACQUES.

Pas vrai, not' bourgeois, qu'c'était ben fait ?

FINETTE, *à part.*

Il fait joliment sa cour à son nouveau maître !

SAINVILLE, *père, à part, en riant.*

Ce pauvre Dormel !

JACQUES.

C'est dommage que l'défunt n'ait pas pu voir ça..... ça l'aurait p't'êt' corrigé.... (*à Dormel.*) Pas vrai, not' bourgeois?

DORMEL, *avec un sentiment concentré.*

Oui, sans doute ; cela l'aurait corrigé..... (*à part.*) Quelle honte pour moi, s'ils savaient !...

LE NOTAIRE, *à Sainville père.*

Monsieur, voici les deux contrats de mariage.

SAINVILLE, *père, les prenant.*

Fort bien... Celui de ces jeunes gens.... (*à son fils.*) et le vôtre.

SAINVILLE, *fils, et Agathine.*

Le nôtre !

SAINVILLE, *père, aux villageois.*

Ah ça, mes enfans, Robert va vous compter la dot de six cents francs que je vous ai promise ; car, en cédant cette maison à Dormel, je me suis réservé le droit de vous établir.

DORMEL, *dans un bel enthousiasme.*

Non, Monsieur, la maison est à moi; et c'est à moi de doter la fille de mon jardinier.

FINETTE, *à part.*

Et! mon dieu! avec quoi?

DORMEL, *tirant secrettement son petit sac.*

Tenez ma bonne amie, voilà vos six cents francs.

FINETTE, *à part.*

Monsieur Dormel qui donne!.... ô prodige!

DORMEL, *tout bas.*

Il y a cent et tant de francs de plus; mais c'est égal.... vous me les rapporterez demain matin.

SAINVILLE, *père, à part.*

Il avait encore économisé.

DORMEL.

Et c'est de même à moi de signer le contrat de mariage.

SAINVILLE, *père, vivement.*

Lequel?

DORMEL.

Tous les deux, mon ami.

SAINVILLE, *fils et Agathine.*

Est-il possible?

DORMEL, *à ceux qui l'entourent.*

Oui, mes enfans, soyez heureux. Je le suis aussi, moi.... non pas seulement d'avoir retrouvé mon bien, mais d'avoir appris à en faire un bon usage.

AGATHINE.

Quoi! mon père! vous auriez retrouvé....

SAINVILLE, *père.*

On vous contera tout cela.

DORMEL.

C'est à Sainville que je dois cette leçon..... (*Lui prenant la main.*) Mon ami! elle ne sera pas perdue.

VAUDEVILLE.

SAINVILLE, *père.*

Air : *De Wicht.*

Bien corrigé de la manie
D'enterrer sans cesse de l'or,
Tu vas, à jouir de la vie,
Employer enfin ton trésor.   (Bis)

Il faut, mon cher, en homme sage,
Réparer les momens perdus :
Va, la folie est dans l'abus,
Mais la sagesse est dans l'usage. (Bis)

DORMEL.

Je suis changé, je le répète,
Et ne le suis point à demi;
Je dois ma guérison complète
A mon voleur, à mon ami. (Bis)
Désormais, avec avantage,
Je saurai placer mes écus :
Mon voleur m'en montra l'abus,
Mon ami m'en apprend l'usage. (Bis)

SAINVILLE, *fils*.

Mondor se taît; et pour excuse
Du silence qu'il se prescrit,
Je crains, dit-il, qu'on ne m'accuse
De vouloir montrer trop d'esprit. (Bis)
Ne te gêne pas davantage,
Mondor, tes soins sont superflus :
Tu ne dois pas craindre l'abus
D'un bien dont tu n'as pas l'usage. (Bis)

FINETTE.

A sa fille maman sévère
Prodiguant de tristes leçons,
Lui dit : soyez sage, ma chère
Et défiez-vous des garçons : (bis..)
Craignez l'amour et son langage.....
Grave maman ! ne grondez plus.
On peut en défendre l'abus,
On doit en tolérer l'usage. (bis.)

ROBERT.

Quoiqu'en dise un célibataire,
Se marier est à propos :
La femme a cent moyens de plaire
Pour deux ou trois petits défauts. (bis.)
Ma foi, vive le mariage ?
Oui, malgré tous les vieux rébus,
C'est le plus triste des abus
Que de n'en faire aucun usage. (bis.)

JACQUES.

Drès l'matin not' femme querelle;
De boire alle me fait un tort.

T'en prends trop, Jacques, me dit-elle ;
Mais moi j'n'en tombons pas d'accord. *(bis)*
Sur l'soir, c'est un autre langage ;
Jarnigoi ! je n'la r'connais plus.
All' trouv' que c'n'est pas trop d'l'abus ;
Moi j'dis qu'c'est ben asez d'l'usage. *(bis.)*

AGATHINE, *au public.*

S'il faut en croire la critique,
Vous devez craindre d'applaudir :
Gardez-vous de mettre en pratique
Un conseil qui nous fait frémir.   *(bis.)*
Ces signes de votre suffrage
Chez nous sont toujours bien reçus :
Nous n'en voulons pas faire abus ;
Mais nous en voulons faire usage.   *(bis.)*

(*On répète en chœur les deux derniers vers.*)

FIN.

www.ingramcontent.com/pod-product-compliance
Lightning Source LLC
Chambersburg PA
CBHW060511050426
42451CB00009B/934